Pizzas Caseras

Más de 50 recetas para hacer pizzas deliciosas en muy poco tiempo

Melisa Valdéz

Copyright © 2015 Melisa Valdéz

Copyright © 2015 Editorial Imagen.
Córdoba, Argentina

Editorialimagen.com
All rights reserved.

Edición Corregida y Revisada, Noviembre 2015

Todos los derechos reservados. Ninguna parte de este libro puede ser reproducida por cualquier medio (incluido electrónico, mecánico u otro, como ser fotocopia, grabación o cualquier sistema de almacenamiento o reproducción de información) sin el permiso escrito del autor, a excepción de porciones breves citadas con fines de revisión.

Todas las imagenes en este libro (portada y fotos interiores) son usadas con permiso de: MountainAsh, citymama, gaelx, Blyzz, stu_spivack, avlxyz, Jake Sutton, adactio, amberdegrace, quinn.anya, roolrool, Maya83, hackerfriendly, rhodes, twohelmetscooking, danielle blue, naotakem, adactio, pizzamasetti, jeffreyw, inuyaki, dionhinchcliffe, Rhys A, cchen, Tavallai, 1lenore, ginnerobot, amsfrank, stevendepolo, ironypoisoning, Foodies, Ryu1chi Miwa, holga new orleans, Alexandratx

CATEGORÍA: Recetas de Cocina

Impreso en los Estados Unidos de América

ISBN-13:
ISBN-10:

ÍNDICE

Introducción 1
Salsa para pizza casera 3
Salsa Italiana de Tomate 5
Masa para pizza con levadura 7
Masa de pizza sin levadura 11
Recetas de Pizzas Caseras 13

    Pizza de Pollo con Queso de Crema 15
    Pizza de Roquefort y Anchoas 17
    Pizza de Longaniza y Salame 19
    Pizza de Mejillones 21
    Pizza de Lomito I 23
    Pizza de Chorizo Colorado con Provolone 24
    Pizza de Nizza 26
    Pizza de Longaniza 27
    Pizza de Menudos de Pollo 28
    Pizza de Lomito II 30
    Pizza de Lomito III 31
    Pizza de Lomito y Roquefort 32
    Pizza de Albahaca 33
    Pizza de Mejillones al Queso 35
    Pizza de Choclo 37
    Pizza de Pavita 39
    Pizza de Palmitos 41
    Pizza de Ricota I 42
    Pizza de Ricota y Salchichas 44
    Pizza de Repollo 46
    Pizza de Salame I 47

Pizza de Salame II 48
Pizza de Salame y Anchoas 50
Pizza de Salchicha 52
Pizza de Salchichón con Ricota 54
Pizza de Salvia 55
Pizza de Sardinas I 56
Pizza de Sardinas II 58
Pizza de Sardinas y Palmitos 59
Pizza Portuguesa 61
Pizza Mixta Especial 63
Pizza Peruana 65
Pizza Peruana de Choclo 66
Pizza Picante de Chorizo Colorado 68
Pizza de Muzzarella 70
Pizza Primavera 71
Pizza Cuatro Estaciones I 73
Pizza Tropical 74
Pizza Siciliana 75
Pizza de Hierbas Aromáticas 76
Pizza Margherita 77
Pizza de Tomate 79
Pizza Rústica 80
Pizza Rústica Rellena 81
Pizza Jardinera 82
Pizza de Jamón Cocido y Ananá 84
Pizza del Cappo 85
Pizza Californiana 86
Pizza Coreana 87
Pizza Indonesia 89
Pizza Especial de Langostinos 90
Pizza Marinera 92

Más libros de interés 95

Introducción

Gracias por adquirir este libro de recetas para elaborar pizzas caseras. Las pizzas hechas en casa tienen esa magia y ese sabor único e indescriptible, porque a pesar de a veces seguir una receta específica, podemos sentirnos libres para experimentar y así crear la pizza de nuestros sueños.

Probablemente se dará cuenta de que en numerosos puntos de este libro algunas de las recetas tienen un pequeño cambio. De hecho, muchas fotografías tienen pequeños elementos cambiados si los compara con la lista de ingredientes. Por ejemplo, tal vez en la lista no estén las aceitunas verdes, pero en la foto verá que las agregué. Esto se da porque me gusta improvisar, y en ese momento, a pesar de seguir la receta en cuestión, le agregué o le quité algún elemento en particular.

Por esto mismo siéntase en libertad de cambiar la lista de ingredientes secundarios, puede adaptar las cantidades para satisfacer sus propias papilas gustativas y/o las de sus comensales. Si toma estas recetas como guía, sus pizzas serán únicas y deliciosas cada vez que las sirva.

He agregado también algunos tips que he aprendido de los consejos y sabiduría de mi abuela, quien me enseñó muchas de estas recetas, las cuales provienen de sus antepasados italianos y han perdurado con el tiempo en mi familia hasta el día de hoy. Muchos de ellos suenan muy básicos, pero hacen la diferencia a la hora de saborear una buena pizza casera.

También notará diferentes recetas para hacer la masa de la pizza, como así también algunas salsas para agregarle sabor.

Espero que disfrute este libro, así como yo disfruté al escribirlo. Le deseo éxitos en esta aventura de realizar deliciosas pizzas que toda su familia pueda degustar.

Salsa para pizza casera

Ingredientes

1 kilo de tomates
¼ de cebollas medianas
1 diente de ajo
¼ de cebolla mediana partida
2 ramitas de mejorana
2 ramitas de tomillo
2 hojas de laurel
1 cucharada de sal gruesa o de mar
½ cucharadita de azúcar
2 cucharadas de aceite de oliva
Pimienta y orégano a gusto

Preparación

Licúe los tomates con, el ¼ de cebollas enteras y el diente de ajo en una licuadora o multiprocesadora. Vierta el aceite de oliva en una sartén caliente. Agregue la cebolla hasta que se cocine y quede transparente. Luego agregue el puré de tomate que licuó previamente.

Deje que hierva por aproximadamente 20 minutos, hasta que el líquido se reduzca y quede una pasta espesa. Agregue las especias y la sal, deje hervir unos minutos más, sin tapar la sartén.

Salsa Italiana de Tomate

Esta salsa italiana de tomate también puede usarse para hacer, además de pizzas, lasagnas y otras pastas.

Ingredientes

2 tazas (450 gramos) de tomate triturado
1/2 taza de cebolla picada
1 diente de ajo picado
1 cucharada (de té) de polvo de ajo
2 cucharadas (de sopa) de aceite
1/3 taza (75 gramos) de pasta de tomate o tomate concentrado
1 cucharada (de té) de sal
1 cucharada (de té) azúcar
1/4 cucharadas (de té) de pimienta negra
1 cucharada (de té) de perejil picado o seco
2 cucharadas (de té) de orégano
1 cucharada (de té) albahaca seca (opcional)
1 hoja de laurel

Preparación

En una cacerola mediana caliente el aceite a fuego medio. Saltee la cebolla. Añada luego el ajo y el ajo en polvo, como así también el orégano, la albahaca, el perejil, la sal y la pimienta hasta que la cebolla quede transparente. Agregue la salsa de tomate y la pasta de tomate, disminuya el fuego al nivel más bajo y cocine a fuego medio durante 30 minutos. Condimente a gusto. Puede bajar el fuego y seguir cocinando por más tiempo según qué tan fuerte desea la salsa.

Masa para pizza con levadura

Ingredientes

3 tazas de harina común
2 ¼ cucharadas de levadura
1 taza de agua tibia (no muy caliente)
2 cucharaditas de aceite de oliva
½ cucharada de azúcar
Una pizca de orégano
¼ cucharada de sal de ajo
1 cucharada de sal

Preparación

Mezcle la levadura, el agua, el azúcar y una ½ taza de harina en un recipiente hondo hasta que se incorporen los ingredientes. Luego deje reposar esa mezcla por aproximadamente 20 minutos.

Una vez pasado ese tiempo agregue el aceite de oliva, la sal, el orégano y dos tazas de harina. Mezcle todo nuevamente, preferentemente con una cuchara de madera.

Sobre una superficie plana, coloque la ½ de taza de harina restante y disponga la masa sobre la misma. Amásela durante unos 10 minutos aproximadamente, hasta obtener una masa elástica, uniforme y que no se pegue.

Ahora con esa masa puede hacer una bola y ponerla en un molde ligeramente aceitado. Tápela con un repasador o servilleta de cocina, y déjela reposar por al menos 2 horas, o hasta que vea que su tamaño aumenta hasta el doble del original.

Pasado ese tiempo la masa ya está lista para hacer la pizza que crea conveniente ese día. Si en cambio decide guardarla, puede envolverla en plástico de cocina o meterla en bolsas de plástico y luego a la heladera.

Masa de pizza sin levadura

Ingredientes

300 gramos de harina
1 cucharadita de sal
1 cucharadita de azúcar
3 cucharaditas de aceite
1 ¼ taza de agua fría

Preparación

Coloque el harina, la sal y el azúcar dentro de un recipiente hondo. Agregue el aceite y el agua poco a poco. Mezcle muy bien hasta que los ingredientes estén bien integrados. Luego amase y agregue más harina en caso de ser necesario, con el fin de que la masa no quede pegajosa.

Luego extienda la masa, ayudándose con un palo de amasar. Colóquela en una fuente enharinada y extiéndala, con sus dedos aceitados, por toda la superficie de la fuente. El espesor de la masa debe ser de aproximadamente un centímetro. Unte ligeramente toda la superficie de la masa con aceite, y luego llévela al horno caliente (220 C.) durante 10 minutos.

Recetas de Pizzas Caseras

Pizza de Pollo con Queso de Crema

Ingredientes

1 receta de masa básica
1 taza (de té) de salsa de tomate
1 taza (de té) de pollo hervido desmenuzado
3 cucharadas (de sopa) de cebolla picada
150 grs. de queso de crema
2 cucharadas (de sopa) de perejil picado
150 grs. de queso muzzarella en fetas

Preparación

Haga la masa siguiendo las instrucciones de alguna de las recetas al comienzo de este libro. Colóquela en un molde para pizza. Desparrame la salsa de tomate y el pollo. Coloque la cebolla y cubra con el queso de crema. Espolvoree con el perejil y cubra con las fetas de muzzarella. Lleve al horno caliente por 30 minutos.

Pizza de Roquefort y Anchoas

Ingredientes

1 receta de masa básica
1 taza (de té) de salsa de tomate
Orégano a gusto
250 grs. de queso roquefort, en rebanadas finas
50 grs. de filets de anchoas

Preparación

Haga la masa siguiendo las instrucciones de la receta. Colóquela en un molde para pizza Desparrame la salsa de tomate y espolvoree con orégano. Cubra con las rebanadas de roquefort y guarnezca con los filets de anchoas. Lleve al horno caliente por 30 minutos.

TIP: Cuando coloque el relleno sobre la masa, deje los bordes libres unos 2 cm para evitar que el mismo se escurra fuera de ella.

Pizza de Longaniza y Salame

Ingredientes

1 receta de masa básica
200 grs. de longaniza fresca
1 diente de ajo machacado
1 cucharada (de sopa) de albahaca picada
1 cucharada (de té) de orégano
200 grs. de queso muzzarella en fetas
100 grs. de salame en fetas
Aceitunas rellenas a gusto

Preparación

Haga la masa siguiendo las instrucciones de la receta. Colóquela en un molde para pizza. Desmenuce la longaniza y fría hasta secarla. Desparrame la mezcla sobre la masa y cubra con las fetas de muzzarella. Guarnezca con las fetas de salame y las aceitunas. Lleve al horno caliente por 30 minutos.

Pizza de Mejillones

Ingredientes

1 receta de masa básica
1/2 kg. de mejillones limpios
2 dientes de ajo machacados
2 cucharadas (de sopa) de cebolla picada
3 cucharadas (de sopa) de aceite
4 tomates grandes (sin piel ni semilla) picados
Sal y pimienta a gusto
2 cucharadas (de sopa) de albahaca
Jugo de limón

Preparación

Haga la masa siguiendo las instrucciones de la receta. Colóquela en un molde para pizza. Rehogue el ajo y la cebolla en aceite caliente. Agregue el tomate y condimente con sal y pimienta, luego agregue los mejillones. Deje cocinar por cinco minutos. Desparrame sobre la masa y lleve al horno caliente por 30 minutos. Antes de servir pulverice con algunas gotas de jugo de limón.

Pizza de Lomito I

Ingredientes

1 receta de masa básica
1 taza (de té) de salsa de tomate
200 grs. de lomito ahumado en fetas finas
2 cebollas medianas en rodajas
Aceitunas verdes a gusto
Orégano

Preparación

Haga la masa siguiendo las instrucciones de la receta. Colóquela en un molde para pizza. Desparrame la salsa de tomate y cubra con las fetas de lomito. Guarnezca con las rodajas de cebolla y las aceitunas. Espolvoree con orégano y lleve al horno caliente por 30 minutos.

Pizza de Chorizo Colorado con Provolone

Ingredientes

1 receta de masa básica
1 taza (de té) de salsa de tomate
Orégano a gusto
250 grs. de chorizo colorado en rodajas
250 grs. de queso provolone en rebanadas
1 cucharada (de sopa) de romero
1 cebolla mediana en rodajas

Preparación

Haga la masa siguiendo las instrucciones de la receta. Colóquela en un molde para pizza. Desparrame la salsa de tomate y cubra con las rodajas de chorizo colorado.

Distribuya las rodajas de cebolla y las rebanadas de provolone. Condimente con el romero y lleve al horno caliente por 30 minutos.

Pizza de Nizza

Ingredientes

1 receta de masa básica
200 grs. de cebolla en rodajas
Aceite
Filetes de anchoas
500 grs. de tomate picado (sin piel y sin semillas)
1 diente de ajo picado
Sal y pimienta a gusto
50 grs. de aceitunas negras picadas (sin carozo)

Preparación

Haga la masa siguiendo las instrucciones de la receta. Colóquela en un molde para pizza. Cocine la cebolla en abundante aceite, a fuego bajo y sin dejar dorar (cerca de 30 minutos). Desparrame sobre la masa las cebollas y los filetes de anchoas. Cubra con el tomate y espolvoree el ajo picado, la sal y la pimienta. Guarnezca con las aceitunas y riegue con un hilo de aceite. Lleve al horno caliente por 30 minutos.

Pizza de Longaniza

Ingredientes

1 receta de masa básica
300 grs. de longaniza
1/2 taza (de té) de cebolla picada
1/2 taza (de té) de cebolla de verdeo picada
1 taza (de té) de queso muzzarella picado

Preparación

Haga la masa siguiendo las instrucciones de la receta. Colóquela en un molde para pizza. Desmenuce la longaniza y fríala en una sartén hasta secarla. Mezcle con la cebolla y distribúyala sobre la masa. Distribuya la cebolla de verdeo y cubra con la muzzarella. Lleve al horno caliente per 30 minutes.

Pizza de Menudos de Pollo

Ingredientes

1 receta de masa básica
1/2 kg. de menudos de pollo
1 cebolla grande en rodajas
2 dientes de ajo machacados
2 cucharadas (de sopa) de aceite
Sal y pimienta a gusto
2 cucharadas (de sopa) de perejil picado
200 grs. de queso muzzzarella en fetas

Preparación

Haga la masa siguiendo las instrucciones de la receta Colóquela en un molde para pizza. Limpie y lave los menudos. Escuna bien y corte en pedazos más chicos. Dore la cebolla y el ajo en aceite caliente y junte los menudos. Cocine hasta secar tren. Condimente con sal y pimienta. Desparrame sobre la masa Espolvoree el perejil picado. Cubra con las fetas de muzzarella y lleve al horno caliente por 30 minutos.

TIP: Si para hacer la masa necesitas rodillo, cuida que éste se pegue colocándolo una hora antes en el congelador.

Pizza de Lomito II

Ingredientes

1 receta de masa básica
1 taza (de té) de salsa de tomate
200 grs. de queso muzzarella en fetas
200 grs. de lomito ahumado en fetas
1 cucharada (de sopa) de romero
3 yemas de huevo duro picadas
1 taza (de té) de queso parmesano rallado

Preparación

Haga la masa siguiendo las instrucciones de la receta. Colóquela en un molde para pizza. Desparrame la salsa de tomate y cubra con las fetas de muzzarella. Distribuya el lomito y espolvoree el romero. Guarnezca con las yemas y espolvoree el queso parmesano. Lleve al horno caliente por 30 minutos.

Pizza de Lomito III

Ingredientes

1 receta de masa básica
1 taza (de té) de salsa de tomate
200 grs. de lomito ahumado en fetas
3 huevos duros picados
1 cucharada (de sopa) de perejil picado
200 grs. de queso muzzarella en fetas
Aceitunas verdes a gusto

Preparación

Haga la masa siguiendo las instrucciones de la receta. Colóquela en un molde para pizza. Desparrame la salsa de tomate y coloque las fetas de lomito. Distribuya los huevos y espolvoree con el perejil picado. Cubra con la muzzarella. Guarnezca con las aceitunas. Lleve al horno caliente por 30 minutos.

Pizza de Lomito y Roquefort

Ingredientes

1 receta de masa básica
1 taza (de té) de salsa de tomate
200 grs. de queso roquefort en rebanadas
200 grs. de lomito ahumado en fetas finas
2 cebollas medianas en rodajas
2 cucharadas (de té) de romero

Preparación

Haga la masa siguiendo las instrucciones de la receta. Colóquela en un molde para pizza. Desparrame la salsa de tomate y las rebanadas de roquefort. Cubra con las fetas de lomito y guarnezca con las rodajas de cebolla. Espolvoree el romero y lleve al horno caliente por 30 minutos.

Pizza de Albahaca

Ingredientes

1 receta de masa básica
5 tomates grandes en rodajas finas
2 dientes de ajo picados
Sal a gusto
2 dientes de ajo picados
2 cucharadas (de sopa) de cebolla picada
2 cucharadas (de sopa) de hojas frescas de albahaca
Aceite a gusto

Preparación

Haga la masa siguiendo las instrucciones de la receta. Colóquela en un molde para pizza. Cubra con las rodajas de tomate y condimente con sal y pimienta. Desparrame el queso y las rebanadas de tocino. Espolvoree el orégano y lleve al horno caliente por 40 minutos.

Pizza de Mejillones al Queso

Ingredientes

1 receta de masa básica
5 tomates en rodajas
Sal y pimienta a gusto
2 dientes de ajo picados
1/2 kg. de mejillones limpios
100 grs. de queso Holanda (queso tipo Chubut) rallado grueso
8 fetas de tocino
Orégano a gusto

Preparación

Haga la masa siguiendo las instrucciones de la receta. Colóquela en un molde para pizza. Cubra con las rodajas de tomate y condimente con sal y pimienta. Desparrame el queso y las rebanadas de tocino. Espolvoree el orégano y lleve al horno caliente por 40 minutos.

TIP: Antes de colocar la masa en el molde siempre úntelo con aceite, manteca o margarina.

Pizza de Choclo

Ingredientes

1 receta de masa básica
250 grs. de ricota
Sal y pimienta a gusto
8 fetas de tocino ahumado en trozos pequeños
1 lata de choclo en conserva
2 cucharadas (de sopa) de cebolla de verdeo picada
100 grs. de queso muzzarella en fetas

Preparación

Haga la masa siguiendo las instrucciones de la receta. Colóquela en un molde para pizza. Pise la ricota y condimente con sal y pimienta. Desparrame sobre la masa. Cubra con el tocino picado y ligeramente frito. Desparrame el choclo bien escurrido y la cebolla de verdeo. Cubra con las fetas de muzzarella y lleve al horno caliente por 30 minutos.

Pizza de Pavita

Ingredientes

1 receta de masa básica
1 taza (de té) de salsa de tomate
200 grs. de pechuga de pavita (cocida o ahumada) en fetas
1 cucharada (de sopa) de alcaparras
200 grs. de ricota fresca desmenuzada
Sal y pimienta a gusto
2 cucharadas (de sopa) de perejil picado

Preparación

Haga la masa siguiendo las instrucciones de la receta. Colóquela en un molde para pizza. Desparrame la salsa de tomate y cubra con las fetas de pechuga. Distribuya las alcaparras y la ricota. Condimente con sal y pimienta. Lleve al horno caliente por 30 minutos. Retire del horno y espolvoree con perejil.

TIP: "La mezcla de ajo, albahaca, queso parmesano y aceite de oliva, se puede utilizar para sazonar cualquier tipo de pizzas".

Pizza de Palmitos

Ingredientes

1 receta de masa básica
1 taza (de té) de salsa de tomate
2 tazas (de té) de palmitos en rodajas
1 cebolla grande picada
3 huevos duros cortados en rodajas
200 grs. de queso provolone rallado grueso
Aceitunas verdes a gusto

Preparación

Haga la masa siguiendo las instrucciones de la receta. Colóquela en un molde para pizza. Desparrame la salsa de tomate y a continuación los palmitos, la cebolla y las rodajas de huevo. Cubra con el provolone y guarnezca con las aceitunas. Lleve al horno caliente por 30 minutos.

Pizza de Ricota I

Ingredientes

1 receta de masa básica
250 grs. de ricota fresca
Sal y pimienta a gusto
Perejil picado a gusto
150 grs. de chorizo colorado en rodajas
2 cucharadas (de sopa) de aceitunas verdes picadas
3 cucharadas (de sopa) de queso parmesano rallado
Aceite

Preparación

Haga la masa siguiendo las instrucciones de la receta. Colóquela en un molde para pizza. Condimente la ricota con la sal, la pimienta y el perejil picado. Desparrame sobre la masa. Cubra con las rodajas de chorizo colorado y las aceitunas. Espolvoree el parmesano y riegue con un hilo de aceite. Lleve al horno caliente por 30 minutos.

Pizza de Ricota y Salchichas

Ingredientes

1 receta de masa básica
200 grs. de ricota fresca
1 huevo
Sal a gusto
1 pizca de nuez moscada
150 grs. de salchichas en rodajas
1 cucharada (de sopa) de manteca en trozos pequeños
1 cucharada (de sopa) de perejil picado

Preparación

Haga la masa siguiendo las instrucciones de la receta. Colóquela en un molde para pizza. Pise y mezcle la ricota con el huevo y condimente con la sal y la nuez moscada. Desparrámela sobre la masa y decore con las rodajas de salchicha. Distribuya los trozos de manteca y lleve al horno caliente por 30 minutos. Retire del horno y espolvoree con perejil.

Pizza de Repollo

Ingredientes

1 receta de masa básica
1 planta de repollo
Sal y pimienta a gusto
3 dientes de ajo picados
1 lata de sardinas en aceite
Aceitunas negras

Preparación

Haga la masa siguiendo las instrucciones de la receta. Colóquela en un molde para pizza y acomode las hojas de repollo encima. Espolvoree con sal y pimienta Desparrame el ajo picado y distribuya las sardinas. Lleve al horno caliente por 30 minutos.

Pizza de Salame I

Ingredientes

1 receta de masa básica
4 tomates grandes en rodajas
Sal y pimienta blanca a gusto
150 grs. de salame (tipo milán) cortado en fetas finas
200 grs. de queso provolone rallado grueso
Orégano a gusto

Preparación

Haga la masa siguiendo las instrucciones de la receta. Colóquela en un molde para pizza. Cubra con las rodajas de tomate y espolvoree con sal y pimienta. Coloque el salame y espolvoree con el queso rallado y el orégano. Lleve al horno caliente por 30 minutos.

Pizza de Salame II

Ingredientes

1 receta de masa básica
1 taza (de té) de aceite
2 latas de tomate al natural (con el jugo)
1 lata (pequeña) de extracto de tomate
2 cucharadas (de té) de albahaca
1 cucharada (de té) de sal
Muzzarella
Aceitunas negras
8 filetes de anchoa
Queso parmesano rallado
150 grs. de salame (tipo milán) en fetas

Preparación

Rehogue la cebolla y el ajo en el aceite hasta que estén

dorados. Agregue el tomate al natural, el extracto, la albahaca, el orégano y la sal, y deje espesar a fuego bajo por 20 minutos (o hasta que la salsa espese). Haga la masa siguiendo las instrucciones de la receta. Colóquela en un molde para pizza, haga un reborde de 1 cm. de alto y coloque la salsa. Cubra con la muzzarella cortada en fetas finas, las aceitunas negras (descarozadas y cortadas en mitades) y los filetes de anchoa. Coloque encima las fetas de salame y espolvoree con el queso parmesano rallado. Lleve al horno caliente 30 minutos.

Pizza de Salame y Anchoas

Ingredientes

1 receta de masa básica
1 taza (de té) de salsa de tomate
Orégano a gusto
250 grs. de queso tipo cuartirolo cortado en fetas finas
4 tomates en rodajas
150 grs. de salame (tipo milán) en fetas finas
50 grs. de filetes de anchoa

Preparación

Haga la masa siguiendo las instrucciones de la receta.

Colóquela en un molde para pizza. Cubra con la salsa de tomate. Espolvoree el orégano y distribuya las fetas de queso. Guarnezca con el tomate y el salame colocándolos en círculos alternados. Decore con los filetes de anchoa y espolvoree otro poco de orégano. Lleve al horno caliente por 30 minutos.

TIP: "Si rocía aceite sobre la masa en lugar de echarlo directamente en la fuente, esta quedará más ligera y gastará menos."

Pizza de Salchicha

Ingredientes

1 receta de masa básica
1 taza (de té) de salsa de tomate
250 grs. de salchicha en rodajas
2 huevos duros picados
1 cebolla (grande) en rodajas
Orégano a gusto
200 grs. de queso muzzarella, rallado grueso

Preparación

Haga la masa siguiendo las instrucciones de la receta. Colóquela en un molde para pizza. Cubra con la salsa de tomate y cubra con las rodajas de salchicha. Distribuya los huevos y las rodajas de cebolla. Espolvoree con orégano y con la muzzarella. Lleve al horno caliente por 30 minutos.

Pizza de Salchichón con Ricota

Ingredientes

1 receta de masa básica
1 taza (de té) de salsa de tomate
250 grs. de ricota fresca
Sal y pimienta, a gusto
300 grs. de salchichón en fetas
2 cucharadas (de sopa) de cebolla de verdeo picada
Aceite

Preparación

Haga la masa siguiendo las instrucciones de la receta. Colóquela en un molde para pizza. Cubra con la salsa de tomate. Desparrame la ricota y espolvoree con sal y pimienta. Cubra con las fetas de salchichón y espolvoree con la cebolla de verdeo. Riegue con un hilo de aceite y lleve al horno caliente por 30 minutos.

Pizza de Salvia

Ingredientes

1 receta de masa básica
300 grs. de queso cuartirolo en fetas
3 tomates (sin piel ni semillas) picados
Sal, a gusto
2 cucharadas (de sopa) de hojas de salvia
Aceite

Preparación

Haga la masa siguiendo las instrucciones de la receta. Colóquela en un molde para pizza. Cubra con las fetas de queso y el tomate picado. Condimente con sal y desparrame las hojas de salvia. Riegue con un hilo de aceite y lleve al horno caliente por 30 minutos.

Pizza de Sardinas I

Ingredientes

1 receta de masa básica
1 taza (de té) de salsa de tomate
2 latas de sardinas en aceite
2 cebollas medianas cortadas en rodajas
250 grs. de queso muzzarella cortado en rodajas
Orégano, a gusto

Preparación

Haga la masa siguiendo las instrucciones de la receta. Colóquela en un molde para pizza. Cubra con la salsa de tomate y las sardinas, cortadas en trozos pequeños.

Distribuya las rodajas de cebolla y cubra con las rodajas de muzzarella. Espolvoree el orégano y lleve al horno caliente por 30 minutos.

TIP: "Para que su pizza quede perfecta coloque el queso debajo de la salsa, la masa quedará crujiente y el queso no se quemará."

Pizza de Sardinas II

Ingredientes

1 receta de masa básica
2 latas de sardinas en aceite
Sal y pimienta a gusto
3 dientes de ajo picados
1 cebolla (grande) en rodajas

Preparación

Haga la masa siguiendo las instrucciones de la receta. Colóquela en un molde para pizza. Pincele la masa con un poco de aceite de las sardinas y coloque éstas picadas en trozos pequeños. Salpimiente a gusto. Espolvoree con el ajo picado. Decore con las rodajas de cebolla. Riegue con un hilo de aceite (de las sardinas) y lleve al horno caliente por 30 minutos.

Pizza de Sardinas y Palmitos

Ingredientes

1 receta de masa básica
1 taza (de té) de salsa de tomate
2 latas de sardinas
2 cucharadas (de sopa) de cebolla rallada
Aceite
2 cucharadas (de sopa) de perejil picado

Preparación

Haga la masa siguiendo las instrucciones de la receta. Colóquela en un molde para pizza. Cubra con la salsa de tomate y desparrame las sardinas trozadas en pedazos chicos. Cubra con la cebolla y los palmitos. Riegue con un hilo de aceite y lleve al horno caliente por 30 minutos. Retire del horno y espolvoree con el perejil picado.

Pizza Portuguesa

Ingredientes

1 receta de masa básica
1 taza (de té) de salsa de tomate
200 grs. de jamón cocido, picado
2 huevos duros, picados
2 cebollas (medianas) en rodajas
Aceitunas verdes, a gusto
Aceite

Preparación

Haga la masa siguiendo las instrucciones de la receta. Colóquela en un molde para pizza. Cubra con la salsa de tomate, el jamón, los huevos y la cebolla. Guarnezca con las aceitunas y espolvoree el orégano. Riegue con un hilo de aceite y lleve al horno caliente por 30 minutos.

Pizza Mixta Especial

Ingredientes

1 receta de masa básica
1 kg. de vóngoles
Sal y pimienta, a gusto
300 grs. de champiñones picados
2 cucharadas (de sopa) de manteca
1 diente de ajo machacado
1 taza (de té) de palmitos en rodajas
200 grs. de queso muzzarella, en fetas
1 cucharada (de té) de romero

Preparación

Haga la masa siguiendo las instrucciones de la receta. Colóquela en un molde para pizza. Lave bien los vóngoles y cocínelos en agua hirviendo hasta que se abran. Retire la carne de las valvas y condimente con sal. Aparte, rehogue los champiñones en la manteca con el ajo y deje hasta que se sequen. Salpimiente. Desparrame los vóngoles y los champiñones sobre la masa. Distribuya los palmitos y cubra con las fetas de muzzarella. Espolvoree con el romero y lleve al horno caliente por 30 minutos.

Pizza Peruana

Ingredientes

1 receta de masa básica
1 taza (de té) de salsa de tomate
1 lata de atún desmenuzado
2 huevos duros, picados
1 cebolla grande, en rodajas
200 grs. de queso muzzarella, en fetas
Aceitunas negras, a gusto
Orégano, a gusto

Preparación

Haga la masa siguiendo las instrucciones de la receta. Colóquela en un molde para pizza. Cubra con la salsa de tomate, el atún y los huevos. Desparrame las rodajas de cebolla. Condimente con sal y cubra con las fetas de muzzarella. Guarnezca con las aceitunas y espolvoree con el orégano. Lleve al horno caliente por 30 minutos.

Pizza Peruana de Choclo

Ingredientes

1 receta de masa básica
1 taza(de té) de salsa de tomate
2 cucharadas (de sopa) de cebolla picada
1 diente de ajo machacado
2 pimientos rojos, en rodajas
Sal y pimienta, a gusto
1 lata de choclo en conserva
3 huevos duros, en rodajas
2 cucharadas (de sopa) de perejil picado
Aceite

Preparación

Haga la masa siguiendo las instrucciones de la receta. Colóquela en un molde para pizza y cúbrala con la salsa de tomate. Rehogue la cebolla y el ajo en el aceite y agregue el pimiento. Condimente con la sal y pimienta y deje en el fuego hasta que esté blando. Distribuya sobre la masa y desparrame el choclo escurrido. Guarnezca con las rodajas de huevo. Lleve al horno caliente por 30 minutos. Retire del horno y espolvoree con el perejil picado.

Pizza Picante de Chorizo Colorado

Ingredientes

1 receta de masa básica
1 cucharada (de sopa) de cebolla picada
1 diente de ajo machacado
2 cucharadas (de sopa) de aceite
250 grs. de chorizo colorado, en rodajas finas
4 tomates (grandes) pelados y sin semilla, picados
1 pimiento verde en tiras
1 cucharada (de té) de ají picante
1 cebolla (grande) en rodajas
3 cucharadas (de sopa) de 1 queso parmesano rallado e
Sal a gusto

Preparación

Haga la masa siguiendo las instrucciones de la receta. Colóquela en un molde para pizza. Dore la cebolla y el ajo en el aceite, agregue el chorizo colorado y desmenuce con un tenedor. Agregue el tomate y el pimiento, el orégano y el ají picante. Cocine hasta que espese. Condimente con sal. Vuelque la preparación sobre la masa y decore con las rodajas de cebolla. Espolvoree con el queso y lleve al horno caliente por 30 minutos.

TIP: "Es muy recomendable poner las especies o hierbas aromáticas al final, ya que si las pones al principio siempre pierden el aroma."

Pizza de Muzzarella

Ingredientes

1 receta de masa básica
1 taza (de té) de salsa de tomate
300grs. de queso muzzarella en fetas
Orégano, a gusto
Aceite

Preparación

Haga la masa siguiendo las instrucciones de la receta. Colóquela en un molde para pizza. Desparrame la salsa de tomate y cubra con la muzzarella. Espolvoree con orégano y riegue con un hilo de aceite. Lleve al horno caliente por 30 minutos.

Pizza Primavera

Ingredientes

1 receta de masa básica
1 taza (de té) de salsa de tomate
150 grs. de jamón cocido, en fetas
200 grs. de queso muzzareila, en fetas
1/2 taza (de té) de arvejas en lata
1/2 taza (de té) de zanahoria cocida, picada
2 cucharadas (de sopa) de perejil picado
Sal y pimienta, a gusto
2 cucharadas (de sopa) de cebolla picada
200 grs. de ricota desmenuzada
Aceite

Preparación

Haga la masa siguiendo las instrucciones de la receta. Colóquela en un molde para pizza. Desparrame la salsa de tomate y cubra con las fetas de jamón cocido y muzzarella. Distribuya las arvejas, la zanahoria y el perejil. Salpimiente. Cubra con la cebolla y con la ricota. Riegue con un hilo de aceite y lleve al horno caliente por 30 minutos.

Pizza Cuatro Estaciones I

Ingredientes

1 receta de masa básica
1 taza(de té) de salsa de tomate
½ taza(de té) de champiñones
100 grs. de chorizo colorado, en rodajas
½ lata de sardinas en aceite
1 pimiento rojo en tiras
Sal y pimienta, a gusto
Orégano
4 cucharadas (de sopa) de queso parmesano rallado

Preparación

Haga la masa siguiendo las instrucciones de la receta. Colóquela en un molde para pizza. Desparrame la salsa de tomate. Imagine la pizza dividida en cuatro partes iguales y coloque en cada una de ellas rellenos diferentes: en la primera, los champiñones; en la segunda, las rodajas de chorizo colorado; en la tercera, las sardinas cortadas en trozos; y en la cuarta, el pimiento. Espolvoree con sal y pimienta. Desparrame el parmesano y el orégano. Lleve al horno caliente por 30 minutos.

Pizza Tropical

Ingredientes

1 receta de masa básica
1 taza (de té) de salsa de tomate
200 grs. de queso muzzarella, en fetas
150 grs. de chorizo colorado, en fetas
1 taza (de té) de palmitos, en rodajas
1 cebolla grande, en rodajas

Preparación

Haga la masa siguiendo las instrucciones de la receta. Colóquela en un molde para pizza. Cubra con la salsa de tomate y las fetas de muzzarella. Desparrame el chorizo y los palmitos. Guarnezca con las rodajas de cebolla. Lleve al horno caliente por 30 minutos.

Pizza Siciliana

Ingredientes

1 receta de masa básica
1 taza (de té) de salsa de tomate
200 grs. de queso muzzarella, en fetas
1 taza (de té) de champiñones picados
8 fetas de tocino
Orégano a gusto

Preparación

Haga la masa siguiendo las instrucciones de la receta. Colóquela en un molde para pizza. Cubra con la salsa de tomate y las fetas de muzzarella. Desparrame los champiñones y decore con las fetas de tocino. Espolvoree con orégano y lleve al horno caliente por 30 minutos.

Pizza de Hierbas Aromáticas

Ingredientes

1 receta de masa básica
2 cucharadas (de sopa) de cebolla picada
3 cucharadas (de sopa) de aceite
1 cucharada (de sopa) de cebolla de verdeo picada
1 cucharada (de té) de estragón
1 cucharada (de té) de albahaca
1 cucharada (de té) de romero
Sal a gusto

Preparación

Haga la masa siguiendo las instrucciones de la receta. Colóquela en un molde para pizza. Dore ligeramente la cebolla en el aceite y desparrámela sobre la masa. Mezcle todo los demás ingredientes y distribúyalos sobre la pizza. Sale y lleve al horno caliente por 30 minutos.

Pizza Margherita

Ingredientes

1 receta de masa básica
1 taza (de té) de salsa de tomate
250 grs. de queso muzzarella, en rodajas
Hojas de albahaca, a gusto
Aceite

Preparación

Haga la masa siguiendo las instrucciones de la receta. Colóquela en un molde para pizza. Cubra con la salsa de tomate y las rodajas de muzzarella. Desparrame la albahaca y riegue con un hilo de aceite. Lleve al horno caliente por 30 minutos.

TIP: "Puede comer las pizzas del día interior igual que recién salidas del horno si las calienta 3 minutos en papel metalizado."

Pizza de Tomate

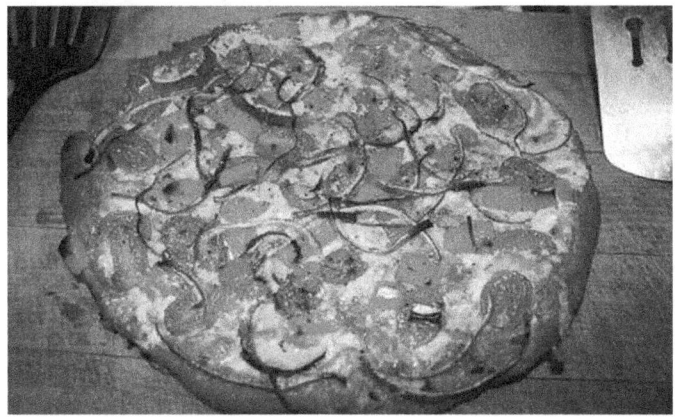

Ingredientes

1 receta de masa básica
4 tomates maduros, pelados y picados
Sal y pimienta blanca, a gusto
Perejil picado
Albahaca, a gusto
3 cucharadas (de sopa) de queso parmesano rallado
Aceite

Preparación

Haga la masa siguiendo las instrucciones de la receta. Colóquela en un molde para pizza. Cubra con el tomate picado y salpimiente. Desparrame el perejil y las hojitas de albahaca. Espolvoree el queso rallado y riegue con un hilo de aceite. Lleve al horno caliente por 30 minutos.

Pizza Rústica

Ingredientes

1 receta de masa básica
5 tomates grandes, en rodajas
200 grs. de queso provolone, rallado grueso
1 pan (de varios días) en rebanadas
3 huevos batidos
1 taza (de té) de crema de leche
Sal y pimienta, a gusto.
Orégano

Preparación

Haga la masa siguiendo las instrucciones de la receta. Colóquela en un molde para pizza, levantando ligeramente los bordes. Desparrame las rodajas de tomate y el queso. Acomode las rebanadas de pan encima. Cubra todo con los huevos batidos con la crema de leche y condimentados con sal, pimienta y orégano. Lleve al horno caliente por 30 minutos.

Pizza Rústica Rellena

Ingredientes

330 grs. de harina de trigo
100 grs. de grasa de cerdo 2 huevos 1 yema
1 pizca de sal Ingredientes relleno
200 grs. de queso muzzarella, en fetas
150 grs. de chorizo colorado en fetas
2 huevos batidos
Queso parmesano, rallado

Preparación

Derrita la grasa de cerdo y mézclela con los demás ingredientes de la masa. Amase hasta que la mezcla quede homogénea. Con un palo de amasar extienda la masa, sobre la mesa enharinada, en forma circular. Forre con la masa el fondo y los costados de un molde de torta (grande) enmantecado. Desparrame las fetas de muzzarella y, a continuación, las de chorizo. Desparrame los huevos batidos y espolvoree el queso parmesano. Con el resto de la masa haga un disco menor y colóquelo sobre el relleno. Apriete bien los bordes y pincele con la yema. Lleve al horno caliente por 30 minutos.

TIP: "El horno siempre debe estar precalentado antes de colocar la pizza."

Pizza Jardinera

Ingredientes

1 receta de masa básica 1 taza (de té) de salsa de tomate
1 zanahoria (pequeña) cocida, picada
1/2 taza de chauchas, cocidas y picadas
1/2 taza (de té) de repollo cocido
1/2 taza (de té) de ramitos de brócoli cocido
150 grs. de queso provolone rallado grueso
2 cucharadas (de sopa) de aceitunas verdes picadas

Preparación

Haga la masa siguiendo las instrucciones de la receta (para esta receta sugerimos la masa de harina de trigo integral; en ese caso reemplace el provolone rallado por

150 grs. de ricota fresca condimentada a gusto). Colóquela en un molde para pizza. Cubra con la salsa de tomate y desparrame los demás ingredientes por igual, deje el queso y las aceitunas para el final. Lleve al horno caliente por 30 minutos.

Pizza de Jamón Cocido y Ananá

Ingredientes

1 receta de masa básica
300 grs. de jamón cocido en fetas
1/2 ananá (sin el corazón), en rodajas medianas (puede ser reemplazado por una lata de ananá, escurrido)
200 grs. de queso provolone, rallado grueso Orégano, a gusto

Preparación

Haga la masa siguiendo las instrucciones de la receta. Colóquela en un molde para pizza. Cubra con las fetas de jamón cocido y, encima, las rodajas de ananá. Espolvoree con el queso rallado y el orégano. Lleve al horno caliente por 30 minutos.

Pizza del Cappo

Ingredientes

1 receta de masa básica 1 taza (de té) de salsa de tomate
1 cucharada (de sopa) de albahaca
2 chorizos colorados, en rodajas finas
6 huevos
1 taza (de té) de queso parmesano rallado
Aceite

Preparación

Haga la masa siguiendo las instrucciones de la receta. Colóquela en un molde para pizza levantando un borde alrededor. Cubra con la salsa de tomate y espolvoree la albahaca. Fría el chorizo levemente. Quiebre los huevos encima de la salsa y distribuya los pedazos de chorizo colorado encima. Espolvoree con el queso parmesano y riegue con un hilo de aceite. Lleve al horno caliente por 30 minutos.

Pizza Californiana

Ingredientes

1 receta de masa básica
Aceite
1 taza (de té) de salsa de tomate
1 cucharada (de sopa) de perejil picado
250 grs. de jamón crudo, en fetas
6 mitades de duraznos en almíbar
8 ciruelas negras, secas

Preparación

Haga la masa siguiendo las instrucciones de la receta. Colóquela en un molde para pizza. Pase un poco de aceite por la superficie y lleve al horno caliente por 20 minutos. Coloque las ciruelas secas en remojo, cuando estén hinchadas, descarócelas y píquelas en pedazos pequeños. Retire la masa del horno y cúbrala con la salsa de tomate, espolvoree encima el perejil picado.

Coloque encima las fetas de jamón. Escuna bien los duraznos y córtelos en gajos. Guarezca la pizza con los gajos de durazno y las ciruelas picadas. Lleve al horno por 10 minutos.

TIP: "Antes de añadir aceite a las pizzeras, puede precalentarlas unos minutos."

Pizza Coreana

Ingredientes

1 receta de masa básica
250 grs. de brote de porotos
1 cucharada (de sopa) de cebolla picada
Sal y pimienta, a gusto
200 grs. de langostinos, rehogados en aceite
2 huevos duros, picados
2 cucharadas (de sopa) de perejil picado

Preparación

Haga la masa siguiendo las instrucciones de la receta (para esta receta sugerimos la masa de harina integral). Colóquela en un molde para pizza y pincele la superficie con un poco de aceite. Lleve al horno caliente por 20 minutos. Aparte, coloque los brotes en agua hirviendo y déjelos por algunos minutos. Escurra muy bien y condimente con la cebolla, la sal y la pimienta. Cubra con esta preparación la masa semicocinada. Cubra con los langostinos fritos y condimentados. Coloque encima los huevos picados. Lleve al horno por diez minutos, retire y espolvoree con perejil picado. Si desea, puede condimentar con salsa de soja.

Pizza Indonesia

Ingredientes

1 receta de masa básica
2 cucharadas (de sopa) de cebolla picada
1 diente de ajo machacado
3 cucharadas (de sopa) de aceite
1 pimiento verde, en tiritas
1 pimiento rojo, en tiritas
Sal, a gusto
1 cucharada (de té) de curry
1 taza (de té) de pollo hervido y desmenuzado
3 bananas, en rodajas
3 cucharadas (de sopa) de salsa kétchup
200 grs. de queso muzzarella en fetas

Preparación

Haga la masa siguiendo las instrucciones de la receta. Colóquela en un molde para pizza. Dore la cebolla y el ajo en aceite caliente, junte los pimientos, condimente con sal y curry, rehogue por algunos minutos. Desparrame esta preparación sobre la mesa y coloque encima el pollo y las rodajas de banana. Condimente con la salsa kétchup y cubra con las fetas de muzzarella. Lleve al horno caliente por 30 minutos.

TIP: "Para una cocción más rápida de las verduras, cortarlas siempre en trozos pequeños."

Pizza Especial de Langostinos

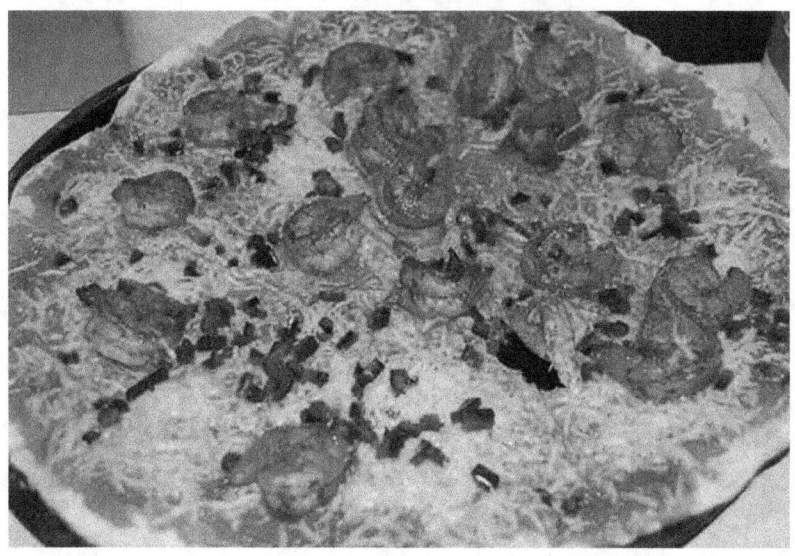

Ingredientes

1 receta de masa básica
1 ½ kg de langostinos (ya cocinados y limpios)
Jugo de limón, sal y pimienta, a gusto
3 cucharadas (de sopa) de manteca
1 cucharada (de sopa) de harina de trigo
1 cucharada (de té) de leche
1/2 taza (de té) de champiñones picados
150 grs. de queso tipo fontina, picado
1 cucharada (de sopa) de perejil picado
1/2 taza (de té) de cognac
2 cucharadas (de sopa) de queso parmesano rallado

Preparación

Haga la masa siguiendo las instrucciones de la receta. Colóquela en un molde para pizza, levantando ligeramente los bordes. Condimente los langostinos con el jugo de limón y la pimienta, deje descansar por algunos minutos. Derrita la manteca y tueste ligeramente la harina. Sin dejar de revolver con una cuchara de madera, agregue la leche lentamente. Cuando estalle el hervor, agregue los langostinos, baje el fuego y hierva por algunos minutos. Agregue los champiñones y el queso picado, revuelva. Agregue el perejil y el cognac. Desparrame n sobre la masa y espolvoree el queso parmesano. Lleve al horno caliente por 30 minutos.

Pizza Marinera

Ingredientes

1 receta de masa básica
2 cucharadas (de sopa) de cebolla picada
3 cucharadas (de sopa) de aceite
250 grs. de mejillones, limpios
1 taza (de té) de leche 1 cucharada (de sopa) de maicena
Sal y pimienta a gusto
200 grs. de queso roquefort, picado
1 cucharada (de sopa) de perejil picado.

Preparación

Haga la masa siguiendo las instrucciones de la receta. Colóquela en un molde para pizza. Dore la cebolla en el aceite caliente y junte los mejillones, rehogándolos bien. Sin dejar de remover, agregue la leche y la maicena. Condimente con sal y pimienta, cuando espese, retire del fuego. Mezcle la preparación con el roquefort picado y desparrame sobre la masa. Lleve al horno caliente por 30 minutos, retire y espolvoree con el perejil picado.

Estimado Lector

Nos interesa mucho sus comentarios y opiniones sobre esta obra. Por favor ayúdenos comentando sobre este libro. Puede hacerlo dejando una reseña en la tienda donde lo ha adquirido.

Puede también escribirnos por correo electrónico a la dirección info@editorialimagen.com

Si desea más libros como éste puedes visitar el sitio de **Editorialimagen.com** para ver los nuevos títulos disponibles y aprovechar los descuentos y precios especiales que publicamos cada semana.

Allí mismo puede contactarnos directamente si tiene dudas, preguntas o cualquier sugerencia. ¡Esperamos saber de usted!

Más libros de interés

Las Más Fáciles Recetas de Postres Caseros

Esta selección contiene recetas prácticas que, paso a paso, enseñan a preparar los postres, marcando el tiempo que se empleará, el coste económico, las raciones y los ingredientes.

Recetas Mexicanas Tradicionales - Descubre las mejores recetas de cocina mexicana

En este libro encontrarás deliciosas recetas mexicanas de: carnes, pescados y mariscos, arroz, sopas, verduras, salsas, entradas, tortillas, ensaladas, postres, y dulces bebidas

Recetas de Carnes - Selección de las mejores recetas de la cocina británica

La carne es la protagonista en la mayoría de los platos de muchas culturas y naciones del mundo. Te ofrecemos más de 90 de las más populares recetas inglesas de diversas carnes que incluyen también aves y caza, tartas con carne, recetas de carne con gelatina, salsas para acompañar a las carnes y además, rellenos para las carnes.

Recetario de TORTAS con sabor Ingles

Si buscabas recetas de cocina británica este libro es para ti. El mismo contiene una selección de recetas de tortas con sabor inglés. Este recetario incluye 80 recetas para toda ocasión, las cuales van desde lo más sencillo hasta lo más especial, como por ejemplo, una boda.

Cupcakes, Galletas y Dulces Caseros: Las mejores recetas inglesas para toda ocasión

En este libro de recetas te ofrezco cerca de 100 de las más populares recetas inglesas con las cuales podrás sorprender a tu familia o tus invitados, ofreciendo un detalle sabroso que seguro apreciarán.

Recetas Vegetarianas Fáciles y Baratas - Más de 100 recetas vegetarianas saludables y exquisitas

Si buscabas recetas de cocina vegetariana este libro de recetas veganas es para ti. El mismo es un recetario que contiene una selección de recetas vegetarianas saludables y fáciles de preparar en poco tiempo. Este recetario incluye más de 100 recetas para toda ocasión, y contiene una serie de platos sin carnes ni pescados, con una variedad de recetas de Verduras, Huevos, Queso, Arroz, Ensaladas.

www.ingramcontent.com/pod-product-compliance
Lightning Source LLC
LaVergne TN
LVHW011730060526
838200LV00051B/3115